Inhalt

Branchenreport TOURISMUS Ausgabe 2/2014

Kernthesen

Beitrag

Zahlen und Fakten

Weiterführende Literatur

Impressum

GENIOS BranchenWissen Nr. 11 vom 03.11.2014

Branchenreport TOURISMUS Ausgabe 2/2014

Markus Hofstetter

Kernthesen

- Der Tourismus in Deutschland profitiert überdurchschnittlich vom allgemein positiven Konsumklima.
- Die Umsätze im deutschen Gastgewerbe lagen im ersten Halbjahr 2014 über den Erwartungen.
- Für Unternehmen könnten Geschäftsreisen im kommenden Jahr erneut teurer werden.
- Nur wenige Flughäfen in Deutschland profitieren von den wachsenden Passagierzahlen im Flugverkehr.
- Nach zwei Krisenjahren geht es mit dem Geschäft mit Flusskreuzfahrten wieder

aufwärts.

Beitrag

Reiseausgaben: Die Touristikbranche profitiert von der guten Konsumlaune der Verbraucher

Dem Tourismusindex vom Bundesverband der Deutschen Tourismuswirtschaft (BTW) zufolge sind die Deutschen nach wie vor überdurchschnittlich reisefreudig. Die Zahl der absolvierten Reisetage stieg in den ersten vier Monaten 2014 gegenüber dem Vorjahreszeitraum um 3,8 Prozent auf 391 Millionen. Das Plus an Reisetagen im ersten Quartal ging insbesondere auf das Konto der Mehrtagesreisen, die rund zwei Drittel der Urlaubstage ausmachen, diese legten seit Jahresbeginn um 8,3 Prozent zu. Gerade die Jüngeren gönnten sich im ersten Jahresdrittel deutlich mehr Reisetage. Bei den unter 35-Jährigen lag das Plus an Reisetagen bei zehn Prozent. Mit einem Anteil von einem Drittel aller Reisetage sind auch Tagesreisen ein wichtiger Wirtschaftsfaktor. Hauptanlässe für Tagesaufenthalte sind neben

Verwandten- und Bekanntenbesuchen hauptsächlich sportliche Aktivitäten, Natur und Kultur. Laut dwif-Consulting unternimmt die deutsche Bevölkerung jährlich sogar fast drei Milliarden Tagesreisen, wobei jedoch Geschäftsreisen ohne Übernachtung dazugezählt werden. Fast 97 Prozent der Tagesreisen gehen zu Zielen in Deutschland. Auch die Zukunft sieht rosig aus. Die Ausgabenplanungen für Reisen im Rahmen von privaten Tages- oder Mehrtagesreisen liegen für den Rest des Jahres 2014 um 3,8 Prozent über dem Vorjahresniveau. (1), (2), (3)

Gastgewerbe: Hoteliers und Gastronomen machen gute Geschäfte in der ersten Jahreshälfte

Die Umsätze des Gastgewerbes kletterten laut dem Statistischen Bundesamt in den ersten sechs Monaten 2014 im Vergleich zum Vorjahreszeitraum nominal um 3,8 Prozent. Dieser Wert liegt deutlich über der Prognose des Branchenverbandes Dehoga, der bis zum Jahresende ein Plus von 1,5 Prozent angenommen hat. Überdurchschnittlich zu legten die Caterer mit nominal 5,2 Prozent und die Gastronomen mit nominal 4,4 Prozent.

Real verzeichnete das gesamte Gastgewerbe einen Zuwachs von 1,6 Prozent. Gründe für den Zuwachs sind die gute Konsumlaune, die Gäste aus dem Ausland und das gute Wetter. (4), (5)

Dienstreisen: Der Mittelstand gibt am meisten aus

Nach Angaben des Verbands Deutsches Reisemanagement (VDR) verfügen die kleinen und mittelständischen Betriebe nur über ein geringes Budget für geschäftliche Mobilität, bilden aber aufgrund ihrer Vielzahl den Sockel des deutschen Geschäftsreisemarktes. Laut VDR-Geschäftsreiseanalyse 2014 verfügen mehr als zwei Drittel der befragten Unternehmen über einen Geschäftsreiseetat von unter 50 000 Euro, 22,5 Prozent bringt es auf Geschäftsreisebudgets zwischen 50 001 und 250 000 Euro. Budgets von über zehn Millionen Euro stellen mit einem Anteil von 0,1 Prozent die Ausnahme dar.

Angesichts steigender Preise werden Unternehmen 2015 erneut mehr für die Dienstfahrten ihrer Mitarbeiter zahlen müssen. Allein in Deutschland sollen sich laut der Studie Global Travel Price Outlook des Geschäftsreiseanbieters CWT die Flugpreise um 2,5 Prozent erhöhen, die Hotelpreise sollen um zwei Prozent zulegen. Entwarnung gibt es bei den Mietwagentarifen, die stabil bleiben sollen, mit einer Tendenz zu leichten Preisreduzierungen. Teurer werden vor allem Flüge und Hotels in weltweit stark nachgefragten Zielgebieten. Dazu gehören China, Indien und Brasilien. Wegen der Konsolidierungen in diesen Märkten sollen die Flugpreise hier am stärksten steigen. (6), (7)

Luftverkehr: Viele Flughäfen sind in Not

Der Luftverkehr in Deutschland legte nach Angaben des Flughafenverbands Arbeitsgemeinschaft Deutscher Verkehrsflughäfen (ADV) im ersten Halbjahr 2014 leicht zu. Die Zahl der startenden und landenden Passagiere erhöhte sich auf den 22 hiesigen internationalen Verkehrsflughäfen um 2,1 Prozent auf 96,1 Millionen. Trotz der heftig bekämpften Luftverkehrssteuer hat sich der davon besonders betroffene innerdeutsche Verkehr erholt, er stagnierte in den ersten sechs Monaten. Auf den Interkontinentalverbindungen wurden nahezu zwei Prozent mehr Reisende befördert, der Europaverkehr war mit einem Plus von drei Prozent unverändert das stärkste Segment.

Dabei weisen laut ADV nur noch sechs Flughäfen

einen Nettogewinn aus. Unter den 39 deutschen Verkehrsflughäfen schreiben allein Frankfurt, München, Düsseldorf, Hamburg, Stuttgart und Köln/Bonn schwarze Zahlen. Bei den anderen besteht die Gefahr, in die Pleite zu rutschen, wie Zweibrücken, Lübeck oder Lahr. Der Grund für die Nöte sind neue Richtlinien der EU-Kommission. Diese verbieten staatliche Subventionen zum Ausgleich von Betriebsverlusten der Flughäfen, wenn auch mit einer Übergangsfrist von zehn Jahren. Ebenso unterliegen Baumaßnahmen, etwa für Landebahnen, dem Beihilfeverbot. Erlaubt sind staatliche Zuwendungen nur noch, wenn ein Businessplan baldige Gewinne in Aussicht stellt oder ein Airport der "Daseinsvorsorge" dient. (8), (9), [Abb. 1]

Positiv sieht der ADV das Wachstum von Fernbusanbietern. Flixbus, Deinbus, MeinFernbus oder ADAC-Postbus werden nicht nur als eine Konkurrenz gesehen, sondern auch als Chance für eine bessere An- und Verbindung der Airports. Mehr Fernbusse könnten von Flughäfen abgehen, wie es erste Ansätze zeigen. So bietet MeinFernbus täglich sechs Verbindungen vom Airport München über Garmisch-Partenkirchen nach Innsbruck an. Es gibt Überlegungen, am Flughafen Köln/Bonn einen Fernbusbahnhof einzurichten. Und in Stuttgart steuern Fernbusse den Flughafen an, der außerhalb der verkehrsmäßig problematisch angebundenen

Innenstadt liegt. (10)

Kreuzfahrt: Das Flussgeschäft erholt sich

Die Anbieter von Hochseekreuzfahrten betreiben ein gewinnträchtiges Geschäft. Laut IATA erzielt ein Kreuzfahrtunternehmen pro Passagier einen Umsatz von 1 304 Dollar, zu denen noch 415 Dollar Bordausgaben kommen. Insgesamt sind dies pro Passagier 1 719 Dollar. Dem stehen die Kosten der Reederei gegenüber, die sich auf 1 535 Dollar pro Passagier summieren. Daraus errechnet sich ein Profit vor Steuern von 184 Dollar, was einer Marge von etwa zehn Prozent entspricht. Insgesamt dürfte die weltweite Kreuzfahrtindustrie in diesem Jahr 37,1 Milliarden US-Dollar Umsatz erwirtschaften und 21,6 Millionen Passagiere auf Hoher See beherbergen.

Auch in Deutschland hält der Trend zum Urlaub auf den Meeren an. Fast 1,7 Millionen Deutsche unternahmen im vergangenen Jahr eine Hochseekreuzfahrt. In einer Umfrage des Reiseportals Travelzoo geben 56 Prozent der Befragten an, bereits eine Kreuzfahrt unternommen zu haben, das sind sechs Prozentpunkte mehr als im Vorjahr. 71 Prozent dieser Schiffsreisenden haben sogar schon mehr als eine Kreuzfahrt gemacht.

Warum sind Hochseekreuzfahrten so beliebt? 89 Prozent der Passagiere gefällt besonders die Möglichkeit, viele Ziele auf nur einer einzigen Reise entdecken zu können. 68 Prozent heben den "guten Service" hervor und 62 Prozent freuen sich über die "gute Gastronomie an Bord". Auf Platz vier folgen die Ausflüge und das Erleben der Weiten des Meeres. Doch es wurde auch gefragt, was zu den schlechten Erfahrungen an Bord gehörte. 29 Prozent der Kreuzfahrer beschweren sich über zu lange Warteschlangen, etwa am Buffet oder beim Sport. Und während sich 19 Prozent über schlechtes Wetter ärgern, nennen 18 Prozent sonstige Gründe wie zum Beispiel nervige Mitreisende oder schlechten Service. 17 Prozent regt es auf, dass sich andere Passagiere nicht an den Dresscode hielten und zum Beispiel im Trainingsanzug beim Essen erschienen. 16 Prozent echauffieren sich über schreiende Kinder. Auf die Frage, was an Bord eines Kreuzfahrtschiffes zu teuer sei, nennen 72 Prozent der Schiffsreisenden die Ausflüge. Weitere 46 Prozent ärgern sich über die Gebühren für den Internetzugang an Bord, und bei 42 Prozent wollte sich aufgrund der Kosten für die Wellness-Behandlungen keine wirkliche Entspannung einstellen. (11), (12)

Im Flussgeschäft geht es nach Krisenjahren wieder aufwärts. Die Anbieter von Flusskreuzfahrten berichten für 2014 von Wachstumsraten im Vergleich zum Vorjahr, meist im einstelligen Bereich. Das sind gute Nachrichten, wenn man bedenkt, dass in den beiden vergangenen Jahren jeweils ein Minus unter dem Strich stand. Der Verkaufsstart für die kommende Saison scheint ebenfalls gut anzulaufen. Dennoch vergeht im Flussmarkt inzwischen kein Jahr mehr ohne eine Krise, die für Umsatzausfälle sorgt. In diesem Jahr hat sich die Situation in der Ukraine deutlich auf die Geschäfte ausgewirkt. Die Kreuzfahrten auf dem Dnjepr mussten teilweise eingestellt werden und die Nachfrage nach Russland-Kreuzfahrten ist ebenfalls verhalten. Hinzu kommt, dass das Wachstum in diesem Jahr offensichtlich auf Kosten der Preise geht. Nach Erkenntnissen des Kreuzfahrtportals E-hoi zahlen Gäste auf dem Fluss in diesem Jahr fast 14 Prozent weniger pro Reisetag als noch 2013. Da inzwischen vermehrt kürzere Kreuzfahrten nachgefragt werden, sinkt der durchschnittliche Preis pro Reise um 24 Prozent von 1 065 Euro in 2013 auf 805 Euro in diesem Jahr. (13)

Best Ager: Die Generation 50 plus macht mobil

Für die Pauschalreiseanbieter birgt die Nachfrage von Best Agern ein beachtliches Wachstumspotenzial. Bei Thomas Cook beispielsweise wächst diese Zielgruppe um circa 20 Prozent. Das liegt unter anderem daran, dass die rund 16 Millionen Deutsche, die zwischen 55 und 70 Jahre alt sind, eine hohe Kaufkraft haben. Mit Reiseausgaben von überdurchschnittlichen 945 Euro ist die Generation ab 60 zudem sehr ausgabefreudig.

Doch den Best Ager gibt es nicht, die Generation 50 plus hat individuelle Urlaubsvorstellungen. Die Zielgruppen umfassen zum Beispiel komfortliebende Premium- und Luxuskunden, Wellness-affine Gäste oder Langzeiturlauber. Darauf reagieren die Veranstalter, indem sie die Reiseformen stärker differenzierten, ohne das Alter in den Vordergrund zu rücken. Eine wichtige Rolle spielen dabei die Hotelkonzepte. Bei TUI ist das Sensimar, bei Thomas Cook Sentido. Beide wurden entwickelt für die Zielgruppe erholungsbedürftiger Paare. Die Viverde-Hotels von TUI sollen naturaktive Urlauber ansprechen. Angebote rund um Wellness und Gesundheit zielen in besonderem Maß auf die ältere Klientel. Thomas Cooks Vitalwelt richtet sich mit Fitness, Aktivprogramm, Kulturerlebnissen und Ausflügen an die 60-plus-Generation. Bei FTI sind fast 78 Prozent der Wellness- und Gesundheitsurlauber Best Ager. Und die FTI-Tochter LAL Sprachreisen stellt Programme auf die Interessen der Best Ager ab, unter anderem mit mehr Freizeitanteilen.

Selbst Kunden, die mit einem Arzt in Reichweite in den Urlaub wollen, können eine passende Pauschalreise buchen. So bietet zum Beispiel Thomas Cook in Kooperation mit Tour Vital 37 Rundreisen mit ärztlicher Begleitung ab Deutschland und deutschsprachigem Reiseleiter an. Dertour hat ab kommendem Winter ärztlich begleitete Reisen auf den Fernstrecken im Angebot. (14), [Abb. 2]

Gays: Homosexuelle wollen im Urlaub selten unter sich sein

Laut einer Umfrage des Global Comunication Experts und Pangaea Network zum europäischen Gay-Reisemarkt liegen die durchschnittlichen Reiseausgaben von Schwulen bei 1 500 bis 2 500 Euro pro Person. Bei der Unterkunft legen 43 Prozent der europäischen Gay-Kunden Wert auf ein schwulenfreundliches Hotel, bei den deutschen Gästen sind es nur 36 Prozent. Eher ein Nischensegment sind die Gay-only-Hotels. Lediglich neun Prozent der deutschen Schwulen und Lesben wünschen sich eine entsprechende Unterkunft, bei den übrigen europäischen Gay-Reisenden sind es noch weniger.

Schwule sind nicht nur gut situiert und ausgabefreudig, sondern auch eine große Zielgruppe.

Je nach Statistik sind zwischen sechs und zehn Prozent der Deutschen homosexuell. Der Mikrozensus des Statistischen Bundesamtes weist für das Jahr 2012 rund 73 000 gleichgeschlechtliche Lebensgemeinschaften aus, die in einem Haushalt zusammenleben, 57 Prozent davon werden von Männern geführt. (15)

Trends

Helfen im Urlaub ist für junge Reisende attraktiv

Engagement liegt im Trend, ob sozial oder ökologisch. Die Touristik greift das Thema mit den Volunteer-Reisen auf. Diese werden im Gegensatz zur Freiwilligenarbeit oder zu Freiwilligendiensten vom Teilnehmer bezahlt. Die Volunteers buchen einen normalen Urlaub und der Einsatz in Hilfsprojekten ist ein Teil dieser Reise. Der Voluntourismus ist also ein Bereich der Touristik, der zum Großteil über Veranstalter abgewickelt wird. Im Schnitt bleiben die meist jungen Reisenden ein bis zwei Wochen vor Ort. Sie werden zum Beispiel in Tierschutzstationen, Waisenhäusern und kommunalen Einrichtungen eingesetzt. In Großbritannien finden sich die größten

Anbieter für Volunteer-Reisen, selbst deutsche Veranstalter greifen auf das englische Produkt zurück, so wie STA Travel. Der deutsche Ableger in Köln mit über 100 Projekte in über zwölf Ländern im Programm stützt sich auf die Angebote der Mutter in England.

Doch der Markt ist unübersichtlich. Denn die Veranstalter arbeiten mit Incoming-Agenturen in der Destination zusammen, die wiederum mit einem oder mehreren kleinen, regionalen Partnern. Und mittlerweile veranstalten auch Nicht-Regierungsorganisationen selbst Volunteer-Reisen, zum Beispiel das Earth Watch Institute. Es gibt aber auch Kritik an dem Modell, zum Beispiel durch Tourism Watch. Die Organisation kritisiert vor allem Kurzfristeinsätze in Waisenheimen, die zu den sehr beliebten Projekten unter jungen Reisenden gehören. Tourism Watch und andere fürchten Traumatisierungen durch die ständig wechselnden Betreuer. Und sie geben zu bedenken, dass die Vielzahl an Freiwilligen, die regelmäßig in Projekte vermittelt werden, Einheimischen die Arbeitsstelle wegnehmen könnte. (16)

Slow Travel entwickelt sich zu einer Gegenbewegung zum

Massentourismus

Viele Menschen wollen ihr Leben langsamer angehen. Dieser Trend ist in der Reisebranche bisher noch nicht richtig angekommen, doch das soll sich nun ändern. Das so genannte Slow Travel liegt als Teil der Gegenbewegung zum Massentourismus stark im Trend.

Slow Traveller wollen ihre Reisen bewusst und intensiv erleben und auch genießen. Die Zielgruppe findet sich in allen Altersklassen, besonders häufig bei den 40- bis 60-Jährigen aus der Mittel- und Oberschicht. Hotels oder Ferienwohnungen sind ihre bevorzugten Unterkünfte. Sie wollen in erster Linie die Natur und gutes Essen genießen, Orte oder Städte besuchen oder Wandern gehen. (17)

Zahlen & Fakten

Abbildung 1: Passagierentwicklung an ausgewählten Flughäfen im ersten Halbjahr 2014

Flughafen	in Millionen Passagieren	Veränderung in Prozent

Frankfurt FRA	27,7	2,4
München MUC	18,7	1,0
Berlin TXL+SFX	13,1	6,1
Düsseldorf DUS	10,1	4,3
Hamburg HAM	6,8	7,3
Stuttgart STR	4,3	-1,6
Köln/Bonn CGN	4,2	3,9
Hannover HAU	2,3	-2,2
Nürnberg NUE	1,4	-10,4
Bremen BRE	1,2	3,4
Frankfurt/Hahn HHN	1,1	-7,2
Leipzig/Halle LEJ	1,0	8,3

Quelle: ADV Entnommen aus: Börsen-Zeitung, 142/2014, S. 9, (8)

Abbildung 2: Reisefreudige Generation

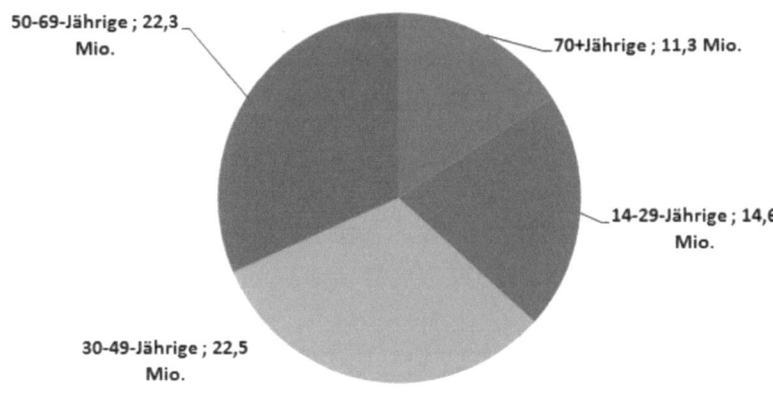

Entnommen aus: fvw, 16/2014, S. 54 bis 56, (14)

Weiterführende Literatur

(1) 20 Tage weg // Die Bundesbürger geben mehr für Urlaub aus
aus Der Tagesspiegel Nr. 22127 VOM 07.08.2014 SEITE 013

(2) Deutsche sind in Reiselaune
aus Allgemeine Hotel- und Gastronomie-Zeitung 33 vom 16.08.2014 Seite 009

(3) Ich bin dann mal weg
aus Omnibus Revue, Heft 09/2014, S. 82

(4) Gastgewerbe zufrieden mit "starker erster Halbzeit"
aus manager-magazin.de vom 15.08.2014

(5) Gastgewerbe verliert im Juni an Geschäft
aus Wirtschaftswoche online vom 15.08.2014

(6) Geschäftsreiseetats von unter 50.000 dominieren
aus Tourismuswirtschaft Austria & International Nr.2226/2014 vom 12.09.2014, Seite ALL Reisebüros, Agenturen"Tourist Austria International" Nr. 2226/2014 vom 12.09.2014 Seite 4

(7) Dienstreisen werden teurer
aus fvw 17 vom 22.08.2014 Seite 036

(8) Flughäfen registrieren leichtes Passagierplus ADV: Etablierte Touristik-Carrier geraten unter Druck
aus Börsen-Zeitung, 29.07.2014, Nummer 142, Seite 9

(9) Deutschen Airports geht das Geld aus
aus Handelsblatt Nr. 144 vom 30.07.2014 Seite 001

(10) Große Flughäfen spüren die ersten Fernbus-Effekte
aus Frankfurter Allgemeine Zeitung, 12.07.2014, Nr. 159, S. 25

(11) 4,8 Milliarden Dollar an Reisebüro-Provisionen
aus Tourismuswirtschaft Austria & International Nr.2228/2014 vom 26.09.2014, Seite ALL Kreuzfahrten"Tourist Austria International" Nr. 2228/2014 vom 26.09.2014 Seite 6

(12) "Ausflüge sind zu teuer"
aus Welt am Sonntag, 21.09.2014, Nr. 38, S. 82

(13) Fluss-Preise im Keller
aus fvw 17 vom 22.08.2014 Seite 046 bis 047

(14) Die aktiven Anspruchsvollen
aus fvw 16 vom 08.08.2014 Seite 054 bis 056

(15) Gays gehen gern auf Reisen
aus Allgemeine Hotel- und Gastronomie-Zeitung 34 vom 23.08.2014 Seite 006

(16) Reisen, um zu helfen
aus fvw 16 vom 08.08.2014 Seite 032 bis 033

(17) Neue Märkte mit Slow Travel
aus fvw 19 vom 19.09.2014 Seite 102

Impressum

Branchenreport TOURISMUS Ausgabe 2/2014

Bibliografische Information der deutschen Nationalbibliothek

Die Deutsche Nationalbibliothek verzeichnet diese Publikation in der deutschen Nationalbibliografie; detaillierte bibliografische Daten sind im Internet über http://dnb.d-nb.de abrufbar.

ISBN: 978-3-7379-5674-1

© 2015 GBI-Genios Deutsche Wirtschaftsdatenbank GmbH, Freischützstraße 96, 81927 München, www.genios.de

Alle Rechte vorbehalten. Dieses Werk ist einschließlich aller seiner Teile – z.B. Texte, Tabellen und Grafiken - urheberrechtlich geschützt. Jede Verwertung außerhalb der Grenzen des Urheberrechtsgesetzes bedarf der vorherigen Zustimmung des Verlags. Dies gilt insbesondere auch für auszugsweise Nachdrucke, fotomechanische Vervielfältigungen (Fotokopie/Mikroskopie), Übersetzungen, Auswertungen durch Datenbanken oder ähnliche Einrichtungen und die Einspeicherung und Verarbeitung in elektronischen Systemen.